CONSPIRATION ROYALISTE

A

MAGNY-EN-VEXIN

MAGNY-EN-VEXIN (SEINE-ET-OISE). — IMPRIMERIE O. PETIT

CONSPIRATION ROYALISTE

A

MAGNY-EN-VEXIN

(1795)

Par Alfred POTIQUET

MAGNY-EN-VEXIN

BOURGEOIS, LIBRAIRE, RUE DE PARIS

—

1880

CONSPIRATION ROYALISTE

A

MAGNY-EN-VEXIN

I — FAITS

Le 13 vendémiaire an IV (5 octobre 1795) eut lieu l'insurrection des sections de Paris contre la Convention nationale. On sait le résultat de cette journée : les royalistes furent mitraillés par le général Bonaparte. A ce moment, tous les esprits étaient inquiets; on voyait partout, non sans raison, les manœuvres des royalistes. La police découvrit une conspiration monarchique, (Fauche-Borel, dans ses mémoires, Cʜ. IX, dit qu'elle fut signalée au secrétaire de légation Bacher), et l'on arrêta, vers le 13 octobre, un sieur Lemaître demeurant à Paris, rue Sainte-Croix-de-la-Bretonnerie, nº 60, qui s'était fait remarquer par la publication de pamphlets et par ses discours véhéments dans les sections; il était d'ailleurs indiqué comme un agent des Bourbons : on trouva chez lui une correspondance assez volumineuse.

Le 23 vendémiaire (15 octobre), P.-M. Delaunay, au nom des Comités de Gouvernement, signala cette conspiration à la Convention, cita des extraits de la correspondance saisie et demanda que Lemaître, ancien secrétaire général du Conseil des finances, fût traduit, avec ses complices, devant une commission militaire. Sa proposition fut adoptée.

Dans la séance de la Convention du 17 octobre, Isabeau donna lecture de la correspondance de Lemaître. Après avoir lu une lettre écrite de Bâle le 30 fructidor (16 septembre), il ajoute : — Une autre lettre est signée Magny.

Bassal (1). — Ce Magny est un électeur du département de Seine-et-Oise, et l'un des plus grands meneurs de Versailles.

Isabeau reprend sa lecture : — Magny dit dans sa lettre : « On ne pouvait s'attendre qu'à ce qui est arrivé ; tout est trop décousu dans cette grande ville, pour espérer un ensemble convenable. Elle est trop grande de moitié pour toutes sortes de raisons. Il y a trop de gens empressés de gouverner sans aucuns moyens pour le faire..... » Cette lettre est datée du 8 octobre. (*Moniteur Universel* du 30 vendémiaire an IV, n° 30).

Cette dépêche venait de la ville de Magny et en portait la rubrique. L'auteur y faisait allusion à la journée du 13 vendémiaire.

Des discussions violentes eurent lieu dans le sein de la Convention, parce que plusieurs de ses membres étaient désignés dans cette correspondance.

Le Comité de sûreté générale arrêta le 27 vendémiaire (19 octobre) que Lemaître, ainsi que les nom-

---

(1) Jean Bassal, curé constitutionnel de la paroisse Notre-Dame de Versailles, envoyé à l'Assemblée législative et à la Convention par le département de Seine-et-Oise ; il connaissait donc le pays. Il est très-surprenant qu'il ait pris le Pirée,.... non Magny, pour un nom d'homme.

més André, Desfarges, Supery, Perrin et Brotier, ses complices seraient, conformément au décret de la Convention du 23 du même mois, traduits sur le champ au Conseil militaire séant à la section Lepelletier.

Cet arrêté énonçant le but et les agissements des conspirateurs, il est utile d'en donner le texte (1).

Vu la correspondance saisie chez le nommé *Lemaître*, où elle était cachée entre deux matelas ; ladite correspondance venant en partie de Bâle par Huningue, et en partie de Magny, près Mantes, et écrite dans le courant des mois d'août, septembre et octobre ;

Vu l'interrogatoire subi par ledit *Lemaître*, le 23 du courant, et ses réponses, ensemble des notes de sa main, ainsi qu'il l'a reconnu lors de cet interrogatoire ;

Vu aussi les interrogatoires subis par le C. Antoine *Huguet*, dit *Desfarges*, employé au comité de salut public, bureau des dépêches, et ses réponses ;

Vu également l'interrogatoire subi par le C. *André*, employé au même comité, bureau des représentans en mission ;

Vu aussi l'interrogatoire subi par François *Supery*, imprimeur, rue Favart, n° 422, lettre H ;

Vu enfin les interrogatoires de Charles *Brotier* et de Charles *Perrin*, et leurs réponses ;

CONSIDÉRANT, quant à *Lemaître*, qu'il aurait conspiré contre la République française, en entretenant, notamment à Bâle, une correspondance dont l'objet

(1) **Nous avons rectifié l'orthographe des noms indiqués dans cet arrêté.**

était évidemment d'opérer la contre-révolution et de relever le trône, puisque

Dans la lettre du 18 août, on écrivait : « Enfin le « roi a fait sa déclaration, M. *de V.* vous l'a envoyée, « et elle est peut-être celle que vous avez déjà vue » ;

Dans celle du 19 du même mois, il est dit ; « *Sûre-* « *ment, comme vous le dites fort bien, il faut être roi,* « *avant que de se faire sacrer.* Aussi n'est-ce qu'une « affaire particulière et de précaution de la part de « M. *de Nant….* pour ce dont je vous ai écrit ; et il « est toujours bon de prendre le devant pour cela » ;

Dans celle du 21 dudit, on lit : « Enfin *nous voilà* « *à la veille de grands évènemens de tous les côtés ;* je « vous tiendrai au courant du moment de l'explosion, « et sitôt qu'elle aura lieu, il faudra changer notre « correspondance, et écrire par le Valais à votre « correspondant de Lyon, auquel vous donnerez avis « de me faire passer vos lettres ; *peut-être même quit-* « *terai-je Bâle* ; mais je vous préviendrai, ainsi que « du lieu de ma marche. Rien de plus aujourd'hui » ;

Dans celle du 22 du même mois, on donne cet avis : « Je lui ai remis ma lettre pour M. *de La-* « *fite,* s'il est à Paris, avec une de son frère. Je ne « vais pas par deux chemins ; je lui parle clair ; *je lui* « *demande, AUTORISÉ PAR LE ROI, tout le plan* « *de campagne arrêté par la Convention,* avec la cer- « titude qu'on y sera sensible. *Concertez-vous avec* « *mon gros Monsieur,* pour savoir comment vous « pourrez faire remettre la lettre ; ou peut l'annoncer « comme une de son frère, et demander quand on « pourra aller prendre la réponse » ;

Dans celle du 25, où l'on fait cette observation : « Au lieu que s'il agissait pour nous, *que le roi fût*

« *à la tête de l'armée, que là il fit des réclamations,*
« *et qu'il donnât des ordres,* beaucoup de personnes
« se rendraient à lui ; mais sans cela, on agira au
« hasard » ;

Dans celle du 28 ainsi conçue : « Je crois vous
« avoir mandé que *29* (a) était arrivé à Spiteadt, et je
« suis tenté de croire qu'il est déjà débarqué. *Tâchez*
« *de vous ouvrir des fentes sur ce point pour nous tenir*
« *au courant de ce qui s'y passe ;* c'est le point le plus
« intéressant, jusqu'à ce que nous fassions des
« nôtres ; mais je ne vous dissimule pas que je ne
« serai un peu content, que lorsque je verrai *49* lui-
« même, et que nous agirons en son nom, et non pas
« en celui de *D. D. Je pense bien comme vous sur ce*
« *D. D.* (b), et personne ne déteste plus que moi
« cette engeance *D. D.* » ;

Dans celle du 29, où on lui répondait en ces
termes : « Vous avez *beau désirer que 49 et 77* (c) *se*
« *portent en avant ;* mais soyez bien sûr que ce der-
« nier sur-tout, entouré et aux ordres de l'armée au-
« trichienne, ne peut rien. *Vos raisonnemens sont*
« *justes ;* mais on est en tutelle, et j'en ai si fort senti
« l'inconvénient, que j'ai insisté pour que le roi ne
« donnât pas dans le piége. On m'a remercié » ; et
l'on ajoutait : « J'avais mandé que si on voulait, je
« tâterais Barthelemi, pour savoir s'il obéirait *à un*
« *ordre du roi,* qui lui ordonnerait de quitter la place,
« et de remettre en main indiquée tous les papiers de

(a) Il est vérifié que par ces deux chiffres *29,* on entendait le comte
d'Artois.

(b) Il est prouvé par la correspondance, que la personne désignée par
D. D. est l'empereur.

(c) Il paraît constant que *49* est Louis XVIII, et que *77* est Condé.

« l'ambassade qui auraient donné des éclaircisse-
« mens » ;

Dans celle du 21 thermidor, où il est dit : « Est-
« on rembarqué, *comme vous l'avez mandé?* est-on
« battu complètement? qu'elle est donc la vraie ver-
« sion? Tâchez donc de monter une correspondance
« sûre, et non pas de *oui-dire,* avec *Bretagne* et
« *Vendée.* C'est là une des choses les plus pressantes
« pour le moment. J'écris demain à Vérone, et j'y
« enverrai copie de votre quatre août » ;

Dans celle du 23 thermidor, où se trouvent les détails suivans : « *Il faut, suivant vous-même,* se pré-
« senter d'une manière à ne pas reculer, si on veut
« inspirer la confiance. Il est malheureux qu'on ne
« puisse pas le faire vingt-quatre heures après la
« distribution du manifeste, cela le rendrait encore
« bien meilleur. Si, par hasard, lorsque je vous l'en-
« verrai, il n'était pas encore connu ni imprimé, il
« *faudrait sur-le-champ en faire tirer par milliers,*
« *et le faire répandre* gratis *et par torrens,* et en faire
« imprimer dans toutes les provinces; enfin, faire en
« sorte que la France en soit couverte; car ce n'est
« pas le tout de faire lire ces imprimés par ceux qui
« peuvent se les procurer pour de l'argent, il *faut*
« *que le peuple les lise aussi, et pour cela il faut les*
« *donner pour rien.* Est-ce qu'on ne pourrait pas
« aussi en faire imprimer en placards, et l'afficher
« dans tous les coins de Paris et du royaume ? »

Dans celle du 5 septembre, portant ce qui suit :
« Voilà les *constitutionnels de 91* qui remuent ciel et
« terre pour reparaître sur la scène; nous allons
« voir de belles choses » :

Dans celle du 8 septembre, il est dit : « Je crois,

« Monsieur, que les chansons sont les ouvrages qui
« conviennent davantage au peuple français : en
« conséquence, nous en établissons une fabrique, et
« je vous en envoie un échantillon ou *prospectus*, en
« attendant les autres ; *j'espère que vous en ferez im-*
« *primer et répandre avec profusion dans l'armée sous*
« *Paris, lorsqu'il en sortira de dessous presse* ; je vous
« les adresserai de même, et vous ferez gémir les
« presses en *chansons* ; ce sera au moins un peu plus
« gai » ;

Dans celle du 10 du même mois, où l'on marque,
à l'occasion de la cour de Vienne : « Elle sera sûre-
« ment jouée, sur-tout si *29* arrive ; et l'existence
« de *Charrette* bien prononcée, on attire à soi Nor-
« mandie et Bretagne ; *c'est alors que les DEUX*
« *TIERS SERONT A BAS, et cela seul peut nous*
« *sauver* » ;

Dans celle du 14 septembre, on fait cette remarque :
« *Et il n'y a qu'en travaillant pour le roi, et en donnant*
« *une grande existence à Monsieur, par Charrette,*
« que vous pourrez tout déjouer ; à tout cela on ne
« me répond rien ; *mais on veut savoir le fil de l'in-*
« *trigue D..., et pour cela on m'a remis près de cent*
« *louis pour vous faire passer ;* c'est votre affaire (ᵃ),
« Dites-moi comment vous voulez que j'en dispose...
« *faites faire explosion et crier vive le roi*, vous au-
« rez mérité de la patrie ; on vous donnera les hon-
« neurs de la séance, l'accolade, etc. » ;

Dans celle du 15, où l'on s'écrie : « Nous n'avons et
« nous ne devons avoir qu'un seul espoir; *c'est dans les*

(a) Depuis, ce correspondant a envoyé 86,400 livres à Lemaître ;
c'est Favier qui lui a remis cette somme. Voyez l'interrogatoire dudit
Favier, traduit depuis comme complice de Lemaître.

« *troubles intérieurs, Charrette*, et l'horreur que doit
« inspirer la Convention. Il paraît que l'on veut faire
« dans ce moment-ci quelque chose dans le Midi » ;

Et dans celle du 4e jour complémentaire : « *La*
« *Vendée va bien ; F.* y est. Nous ne savons encore
« rien de positif » ,

Considérant que ledit Lemaître était, à Paris, le
principal agent d'un comité qui dirigeait de Bâle les
délibérations et les arrêtés liberticides des assemblées primaires, puisque

Dans la lettre du 3 septembre, on écrivait : « Mais
« on tient toujours à se dédommager par soi-même ;
« et ce système bien impolitique peut non-seulement
« faire manquer la campagne, *mais porter un grand*
« *coup aux dispositions des assemblées primaires ;* et
« l'ennemi entrant sur le territoire de la République,
« la Convention détournera tout ce qui est relatif au
« bien que pourraient faire les assemblées, pour
« leur persuader que le grand intérêt d'abord est de
« s'occuper de repousser l'ennemi » :

Dans celle du 7 septembre, on fait cette question :
« Que se sera-t-il passé hier aux *assemblées pri-*
« *maires ?* »

Dans celle du 19 on répondait : « Toutes vos lettres
« me sont parvenues, même celle du 14. *J'avais sui-*
« *vi votre avis pour que les départemens, cantons, ren-*
« *dissent publics les votes ; j'avais écrit et fait écrire*
« *pour cela ;* mais j'ai vu avec plaisir dans les papiers
« d'hier et d'aujourd'hui, que cette invitation, faite
« par les sections de Paris, avait pris, et que cette
« mesure avait l'air de vouloir être adoptée. *Le rejet*
« *DES DEUX TIERS paraît assez général ;* mais il
« me semble que le Midi ne se conduit pas aussi bien

« que le reste..... *Paris tient bon, voilà l'essentiel, et*
« *s'il ne mollit pas, c'est un grand bien* » ;

Dans celle du 21 septembre, on lui marquait :
« Point de nouvelles de vous depuis trois jours, et
« je suis inquiet et impatient. *Paris*, d'après des
« papiers, *me paraît aller bien, mais* le Midi ne l'imite
« pas ; Troyes a tout accepté. Si cela prend cette tour-
« nure, *c'est aux sections à faire un coup de tête, et*
« *elles peuvent le faire avec succès* » ;

Dans celle du 26 on lit : « Si *les sections* sentent
« qu'elles peuvent devenir le point d'union *et d'ac-*
« *cord de la France entière, elles conserveront leur*
« *attitude résolue, etc* » ;

Dans celle du 30 fructidor, on lui fait cette invitation : « Écrivez-nous, je vous en prie, *c'est de vos cô-*
« *tés que viennent les nouvelles intéressantes* ; je vous
« écrirai sans faute dimanche, etc. » ;

Dans celle du 24 septembre, on lit après quelques
détails sur la triste position des armées ennemies :
« A vous, *à vos sections, à 29 et Charrette à* réparer
« cela, *il faut un coup d'éclat,* QU'IL N'EXISTE PLUS DE
« CONVENTION, *et cela tient au vouloir bien prononcé*
« *de Paris* ; j'attends avec bien de l'impatience que
« vous me mandiez quelque chose de relatif à cela ;
« *car sans cela il ne reste qu'un faible espoir* » ;

Dans celle du 30 septembre, il est dit : « Si votre
« lettre du 25 est réellement l'état du jour, nous
« sommes trop heureux, sans doute, et notre con-
« fiance doit renaître.... et une fois 29 en mesure sur
« l'opinion... *les sections ayant inspiré de la confiance*
« et dirigeant à leur gré, *le roi peut se montrer et aller*
« *rejoindre Charrette.* La position de Vérone est
« excellente pour cela, rien ne barre le passage » ;

Et dans celle du 3 octobre, on observe ce qui suit :
« Tout s'annonce *pour donner l'avantage aux sections,*
« et quelle force n'auront-elles pas, aidées de l'opi-
« nion, de la coalition de la majorité des départe-
« mens et du vœu de l'armée qui paraît décidément
« pour elles ?... *ses rapports sont à-peu-près ce que*
« *vous m'avez mandé.* Il dit la Convention perdue dans
« le mépris ... Il dit qu'il y a des partis qui tous se
« croisent, que le duc de Chartres en a un très-fort,
« mais qu'en masse tout est républicain.... *Il convient*
« *que toutes les sections sont menées.... et que les prin-*
« *cipaux meneurs sont Lacretelle, Laharpe, et Richer-*
« *Serisy....* S'il était vrai que ce fussent les trois
« personnages que je vous ai nommés qui mènent
« les sections, et qu'on fût sûr qu'ils travaillent dans
« notre sens, *n'y aurait-il pas moyen de s'en rappro-*
« *cher, et de les engager à se mettre en rapport avec 49?*
« Bâle pourrait être le point intermédiaire.... et s'ils
« étaient franchement pour nous.... *qu'ils fussent*
« *bien aises d'avoir un mot du roi,* bien décidés à le
« servir, *je pourrais le demander*; mais, pour cela il
« faudrait que l'un d'eux m'écrive quelle est sa pro-
« fession de foi » ;

Considérant que ledit Lemaître n'était pas étranger,
ou du moins indifférent aux mouvemens royalistes
qui ont eu lieu, il y a peu de temps, à Chartres, à
Dreux, à Mantes et Orléans, ou qui pouvaient être
préparés à Rouen, ainsi qu'il paraît résulter de différentes lettres à son adresse, venant de Magny, près
Mantes, puisqu'il est dit

Dans l'une : « *En tout cas vous pouvez lui deman-*
« *der, (à Ratel), des moyens pour Dreux* » ;

Dans une autre : « *Je suis à la quête pour Dreux,*

« *je ne désespère pas de trouver un homme tel que nous*
« *le désirons* » ;

Dans une troisième : « Il est singulier que vous
« vouliez nous rendre responsables de ce que nous
« ne vous disons rien de *Chartres* et de *Dreux*, nous
« sommes plus éloignés de ces deux villes que vous,
« et je suis encore à trouver quelque moyen de cor-
« respondance » ;

Dans une quatrième, en parlant des électeurs de
Mantes : « On a eu encore assez de temps pour en
« voir un et deux, *à qui l'on a fait la bouche confor-*
« *mément à vos réflexions ;* ils ont senti et promis ;
« mais tiendront-ils ? »

Et dans une cinquième et dernière : « *Nous n'a-*
« *vons encore rien de positif sur Rouen* » ;

Considérant que malgré sa dénégation formelle que
les lettres à l'adresse de *Conibert, Perrin, Dufailly,*
Lariberette, Laribière, Letraime (a), *Besse* et autres,
toutes trouvées dans son domicile, fussent écrites
pour lui, il paraît constant qu'elles lui étaient desti-
nées, puisque dans la lettre du 19 fructidor, on lit :
Je ne connais point votre adresse de Besse, vous me
l'indiquerez si vous voulez ; et qu'il déclare dans son
interrogatoire, vers la fin, qu'il connaissait un nommé *Besse ;*

Et dans une des lettres concernant le nommé *Nan-*
touillet, il y est question d'un **M.** *le M...* qui paraît
d'autant mieux être lui, que *Perrin* déclare que les
lettres adressées à ces divers individus étaient desti-
nées audit *Lemaître ;*

(a) Il est reconnu que *Letraime* est l'anagrame de *Lemaître,* et que
tout ce qui est à l'adresse de *Letraime,* appartient réellement à *Le-*
maître.

Considérant que ce fait, que toutes ces lettres à diverses adresses étaient réellement pour ledit *Lemaître*, paraît démontré par l'interrogatoire dudit Perrin, qui déclare que les lettres adressées à Conibert, Lariberette, Letraîme etc., dont les noms se trouvent sur la suscription des lettres, étaient toutes retirées par lui Perrin, et rendues par lui audit *Lemaître*; et même que celui-ci écrivait à Bâle et à Huningue d'où sont venues toutes les lettres arrivées à chacune de ces adresses;

Considérant qu'il existe dans les pièces trouvées chez lui des notes qu'il a reconnues pour être de sa main, lesquelles, par leur concordance avec différentes parties de sa correspondance, prouvent qu'il connaissait parfaitement ces lettres, et qu'elles étaient réellement pour lui, puisqu'il y est question, par exemple, du départ de *Nina* [a] dont parle la lettre du 7 août, ainsi que de *29* et *D. D.* dont il est question dans beaucoup de lettres de cette correspondance;

Considérant que les moyens employés dans cette correspondance, suffisent seuls pour la rendre suspecte, puisque ledit Lemaître et ses correspondans faisaient usage pour s'écrire, d'encre sympathique, dont les caractères ne se lisaient que quand les lettres étaient entre leurs mains, et à l'aide d'un procédé convenu entre eux;

Considérant aussi que c'est parce qu'elle était dangereuse et pouvait le perdre, que pour la dérober à tous les regards, ledit *Lemaître* avait caché cette correspondance, ainsi qu'il conste du rapport dressé alors, entre deux matelas de son lit, où elle a été trouvée;

(a) Il paraît que *Nina* est le marquis *de la Laquellle.*

Considérant, quant à André et à Desfarges, l'un et l'autre secrétaires du Comité de salut public, qu'ils ont entretenu des relations avec ledit Lemaître, précisément à l'époque où il correspondait avec le plus d'activité à Bâle; qu'il est à présumer que ledit Lemaître n'a recherché la connaissance desdits André et Desfarges, que parce qu'ils étaient attachés au Comité de salut public, et pour se procurer par eux les renseignemens que lui demandait son correspondant de Bâle, par ses lettres des 8, 22 et 23 août, soit sur la vraie situation de la Vendée, soit sur le plan de la campagne arrêté par la Convention ; et que c'est par eux qu'il a obtenu la connaissance d'objets importans, qui font partie des pièces et notes de sa main ;

Considérant, quant à Desfarges seul, que de son propre aveu, et d'après la déclaration de Perrin, il a reçu en cadeau une paire de pistolets, que ledit Lemaître ne lui aura sans doute donnée que pour le récompenser des révélations qu'il lui aura faites, ou même l'exciter à lui en faire ;

Et, quant à André seul, qu'il s'est trouvé dans les papiers dudit Lemaître, une lettre venant de Hambourg, sous la date du 8 avril 1795, vieux style, et dont l'objet réel ne serait pas celui qu'elle annonce ; et que, d'après l'interrogatoire de Favier, ledit André aurait vu Doré à Bâle, et aurait apporté des lettres dudit Doré à Lemaître ;

Considérant, quant à Perrin, que de son aveu, il était prête-nom dudit Lemaître, pour cette correspondance ; et qu'il lui en avait procuré plusieurs autres, chez lesquels il allait ensuite la retirer, pour la remettre audit Lemaître;

Que de son aveu encore, il aurait porté chez l'imprimeur de la rue Favart les manuscrits du manifeste de Charrette, une chanson, *le secret découvert, la lettre du roi au prince de Condé*, et autres productions de ce genre, lesquels, après les avoir retirés de chez l'imprimeur, il avait portés chez différens libraires, pour les faire vendre ;

Que de son aveu encore, il a retiré de chez un nommé Brotier, à la sollicitation dudit Lemaître, des exemplaires de la déclaration du roi ;

Que de son aveu enfin, il a distribué, à la même sollicitation, plusieurs lettres d'engagement pour l'armée de Condé, ainsi que le manifeste du roi et de Charrette, et différentes lettres du roi au clergé ;

Considérant, quant à Supery, imprimeur de la rue Favart, que d'après Perrin, il aurait imprimé le manifeste du roi, une chanson : *le secret découvert, la lettre du roi au prince de Condé, etc.*, que lui avait envoyés à cet effet ledit Lemaître ;

Que le fait de cette impression pourrait être attesté au besoin, par la lettre du 23 thermidor, qui, comme on l'a vu, invite celui auquel elle est écrite, à faire imprimer le manifeste par milliers, et à le faire répandre *gratis* et par torrens ; et par une autre du 18 septembre, invitant le même à faire imprimer et répandre avec profusion des chansons dans l'armée sous Paris ;

Considérant, quant à Charles Brotier, que d'après l'interrogatoire de Perrin, il aurait été chargé de distribuer des déclarations du roi, puisque Perrin en aurait été chercher chez lui de la part du citoyen Lemaître, dont il était sans doute un des coopérateurs ;

Que de son propre aveu, il lui aurait été envoyé

un exemplaire de cette déclaration chez lui, sans pouvoir dire qui le lui avait envoyé ; envoi qui, dans tous les cas, prouve qu'il était connu pour tenir aux principes consignés dans cette déclaration ;

Que de son aveu encore, il aurait au moins reçu une lettre de l'abbé Maury ; que d'après une lettre à lui écrite en caractères blancs, qui se noircissent au feu, ou à l'aide d'un autre procédé, on lui demande l'effet qu'a pu produire le manifeste du roi, que l'on dit être *un vrai chef-d'œuvre, et l'ouvrage du roi lui-même ;*

Le Comité de sûreté générale arrête que le nommé Lemaître, ainsi que les nommés *André, Desfarges, Supery,* imprimeur, *Perrin* et *Brotier,* ses complices, seront, conformément au décret du 23 de ce mois, traduits sur-le-champ au conseil militaire séant à la section Lepelletier, pour y être jugés ; et que les pièces à conviction et autres les concernant, seront portées à ce conseil, pour servir à l'instruction et au jugement dudit Lemaître et ses complices.

Les représentants du peuple membres du Comité de sûreté générale,

Signé : P.-M. DELAUNAY, PEMARTIN, ROBERJOT, COLLOMBEL (de la Meurthe), GAUTHIER, BORDAS, KERVELEGAN, PIERRE GUYOMAR, MONMAYOU, CALÈS, CHARLES-ALEXANDRE ISABEAU.

Une loi du 29 vendémiaire an IV (21 octobre 1795) ordonne « que l'arrêté du Comité de sûreté générale, contenant les détails de la dernière conspiration de Lemaître et complices et sa traduction au Conseil militaire établi à la section Lepelletier, du 27 de ce mois, sera imprimé en placard sur-le-champ, et envoyé à toutes les communes de la République et aux armées. »

Le même jour, la Convention décréta l'impression de la correspondance trouvée chez Lemaître.

Ce Recueil, qui porte la date de brumaire an IV, contient 53 lettres adressées à Lemaître et 8 notes écrites de sa main. Les lettres n°ˢ 42, 43, 45, 47, 48 et 50, viennent de Magny et sont attribuées à M. Brierre [1]: elles montrent toutes les relations de leur auteur, avec le ci-devant abbé Ratel, qui demeurait à La Roche-Guyon.

L'arrêté du Comité de sûreté générale du 27 vendémiaire an IV, n'avait traduit devant le Conseil militaire que six personnes, mais dans le courant de l'instruction de l'affaire, on en mit cinq autres en accusation, savoir :

Brierre (Jacques-François), ancien receveur des tailles de l'élection de Chaumont et Magny, demeurant place de la Halle, à Magny, cultivateur audit lieu ;

Favier (Nicolas-Laurent), à Paris ;

Langevin (Jean), ancien domestique, receveur de rentes, à Paris :

La Riberette (Jean-Denis de), rue Beaujolais n° 912, à Paris ;

Ratel (Louis-Jean-Baptiste-Justin), prêtre, secrétaire de la mairie de La Roche-Guyon.

Le 1ᵉʳ novembre 1795, on fit lecture à la Convention d'une lettre par laquelle le président du Conseil militaire, séant à la section Lepelletier, faisait connaître que Lemaître demandait à être restitué à ses juges naturels. Il ne fut pas donné suite à la demande

(1) Voir le § 2

de l'accusé, et le procès suivit son cours ; il fut ter-
miné le 18 brumaire, à 5 heures du matin (9 novembre).

Voici l'analyse du jugement rendu par le Conseil(1) :

Après avoir pris communication des pièces, et en-
tendu tous les témoins tant à charge que ceux indiqués à décharge par Lemaître, Favier et André, ainsi
que les moyens de défense fournis par les prévenus
et leurs défenseurs officieux, le Conseil a trouvé :

1° A l'unanimité, Pierre-Jacques Lemaître, atteint
et convaincu d'être le principal agent de la conspiration qui a existé, en entretenant des correspondances
en pays étrangers avec les émigrés et les ennemis de
la République, tendant à rétablir la royauté et ren-
verser le gouvernement républicain ; laquelle correspondance prouve qu'il a cherché à seconder les mouvements rebelles des sections, en entretenant dans
l'intérieur, et principalement à Magny, une correspondance tendant à fomenter la rébellion à Dreux,
Orléans et Rouen, d'y avoir répandu des écrits contre-
révolutionnaires pour y corrompre l'esprit public ;

2° A la majorité, Charles Perrin, convaincu d'être
l'agent passif de Lemaître, tant en recevant des lettres
pour lui, qu'en lui procurant des prête-noms pour
recevoir celles qui lui venaient de l'étranger, lesquelles étaient écrites en encre sympathique ; en ré-
pandant des écrits contre-révolutionnaires, et en les
colportant chez différents libraires ;

3° A la majorité, Antoine Huguet, dit Desfarges, atteint et convaincu d'être complice de Lemaître, par

(1) *Moniteur universel* du 28 brumaire an IV, n° 58. — Nous avons
rectifié l'orthographe des noms.

les liaisons et entrevues qu'il a eues avec lui, en recevant en présent une paire de pistolets, et en ne révélant pas les desseins suspects de Lemaître ;

4° A la majorité, Théodore André, atteint et convaincu de la même complicité, en ne révélant pas les desseins suspects de Lemaître, qui étaient plus que démontrés dans les différentes entrevues qu'il a eues avec lui ;

5° A l'unanimité, Jacques-François Brierre, atteint et convaincu d'être l'agent direct dudit Lemaître, ce qui est prouvé par la correspondance qu'il a entretenue de Magny, laquelle correspondance est écrite en encre sympathique, et dans les interlignes d'un texte insignifiant écrit en encre noire, tendant à provoquer les mouvements de rébellion à Dreux, Orléans et Rouen, en indiquant, dans la seconde de ces villes, une adresse pour y faire passer des écrits contre-révolutionnaires ;

6° A la majorité, Nicolas-Laurent Favier, atteint et convaincu d'être complice de Lemaître, à la conspiration duquel il n'a pas pris une part très-active et suivie ;

7° A l'unanimité, Jean Langevin, atteint et convaincu d'être propagateur d'écrits incendiaires, d'avoir correspondu avec des émigrés et des prêtres fanatiques, ce qui est prouvé, tant par les écrits trouvés chez lui, que par les notes écrites de sa main ;

8° A l'unanimité, le nommé Ratel (absent), prêtre, et ci-devant secrétaire de la municipalité de Mantes (1), convaincu d'être un des auteurs des mouvements qui ont eu lieu à Dreux, et d'être complice de Lemaître;

Pour réparation des délits exposés, le Conseil mili-

(1) Il faudrait de La Roche-Guyon.

taire a condamné Pierre-Jacques Lemaître à la peine de mort ;

Charles Perrin, à deux années de détention ;

Antoine Huguet, dit Desfarges, à une année de détention ;

Théodore André, à six mois de détention ;

Jacques-François Brierre, à six années de détention ;

Nicolas-Laurent Favier, à six mois de détention ;

Jean Langevin et le nommé Ratel, absent, à la peine de la déportation ;

François Supery, André-Charles Brotier et Jean-Denis de La Riberette, n'ayant aucune charge contre eux dans le cours de la procédure, ont été acquittés et mis sur le champ en liberté (1).

Lemaître fut exécuté le lendemain, 19 brumaire (10 novembre 1795).

II — CORRESPONDANCE

Extrait du Recueil de la correspondance saisie chez Lemaître, et dont la Convention a ordonné l'impression :

Les cinq lettres qui suivent viennent de Magny.

(N° 42)   Ce 29 Septembre, jour de saint Michel.

Je n'ai rien de plus pressé que de travailler à la santé de mon hôte dont la tête est toujours dans le plus grand désordre, *relativement à l'attente de la résurrection ;* il est bien un jour, et puis les réflexions

______

(1) Malgré de nombreuses recherches aux Archives nationales et à celles du Ministère de la Guerre, nous n'avons pu retrouver le dossier de ce procès.

noires viennent troubler ce qui avait été rétabli. L'impatience est son accès, et quand il arrive quelque chose semblable à votre dernière, alors la machine se replace sur son axe, et voilà toute la machine détraquée. Je crois entrevoir que le regret de s'être trop pressé pour la vente de son domaine, est la cause de tout ceci. Il est comme un fébricitant que le quinquina soulage, mais ne guérit pas radicalement. Je ne me propose que de calmer les accès ; car pour la guérison radicale *ce ne pourra être que le grand accord qui s'opère en Vendée*, etc. Pour cela, j'aurais besoin de votre secours, et ce serait un bien grand plaisir à faire que de transmettre, s'il n'y avait pas d'imprudence à en faire la demande, toutes les vingt-quatre heures, pour ne pas dire tous les jours. Il a fait partir hier 50 livres de farine que vous devez avoir reçue lorsque celle-ci vous parviendra.

Il paraît que Véronique s'ennuie fortement de ne pas aller occuper le poste que vous lui destinez auprès de Madame, à laquelle je vous prie de faire agréer mes respectueux hommages.

On vient d'écrire à la Roche pour Ratel, et la lettre le presse à hâter l'entrevue : nous verrons s'il est docile aux invitations.

Nous n'avons *encore rien de positif sur Rouen*, on a écrit pour cela. En attendant, *je suis à la quête pour Dreux* où je ne désespère pas de trouver un homme tel que nous le désirons.

Agréez que je me dise V.

72, Magny. Au citoyen LEMAITRE, en son logis, rue Sainte-Croix de la Bretonnerie, n° 60, à Paris.

(N° 43)

J'ai été hier à la Roche *pour trouver Ratel*, et conférer avec lui sur l'objet pour lequel votre dernière était dirigée. Il était parti pour Mantes, où il avait été mandé la veille par les électeurs : on m'a promis qu'il serait instruit de ma visite, et qu'il viendrait nous voir aussitôt. Je n'ai pu me souvenir du nom de l'autre réfugié dans ce pays-là, et qui est de votre connaissance et de la sienne : je vous prierais de m'en dire le nom à votre première de demain, sur-tout *ayez soin de mieux vous fournir de l'encre blanche, car il nous a été impossible de rien decouvrir de ce qui était écrit ;* aussi notre homme a-t-il juré, mais énergiquement ; c'est une manière qui lui est nécessaire dans ce moment, sur-tout où il est en compagnie de celui qui est possesseur de son domaine, et avec lequel il va s'arranger, au moins pour la location de la maison. Il n'a pas été possible de rien déchiffrer, ainsi c'est un ordinaire perdu, à moins que s'il y a quelques traits saillans, vous n'ayez la complaisance de les rappeler dans votre billet de demain ; s'il y a encore quelques affiches sur *Tallien*, je vous prie d'en envoyer pour les distribuer au canton.

Au moment de cacheter cette présente, nous en recevons une *de la façon de Ratel*, par laquelle il nous mande qu'il part mercredi ou jeudi pour Paris, pour y porter encore un plat de sa façon, ainsi vous le verrez avant nous.

Au citoyen LEMAÎTRE, rue Croix de la Bretonnerie, n° 60, à Paris.

(N° 45)   Ce 2 Octobre.

Au citoyen LEMAÎTRE, rue Croix de la Bretonnerie, n° 60.

Nous n'avons pu voir encore *le citoyen Ratel*,

quoique requis deux fois de venir ici recevoir le té-
moignage de votre amitié et de votre souvenir. Il
nous mandait hier soir qu'il ne pouvait trouver un
cheval à la Roche, parce que les vendanges les oc-
cupent tous. De cette affaire je compte y aller demain
matin, et je lui donnerai les détails que vous nous
avez transmis aujourd'hui, qui lui feront voir la né-
cessité *de s'échauffer avec ses correspondances*, et à
quoi il ne se refusera pas, j'en suis sûr à l'avance. On
vient de commander le départ des gendarmes qui
étaient logés dans cette petite ville ; ils ont reçu
l'ordre cette nuit, et sont partis précipitamment pour
Pontoise, et de là en avant sur Paris. Ce sont des
gens qui ont l'air propre aux coups de poings, et qui
sont presque tous Gascons et de la Garonne. Vous
savez que ces gens-là ont plus d'aptitude que personne
pour faire les coupe-jarrets. Quand ils seront partis,
nous saurons d'où sont émanés les ordres. La tête de
mon hôte prend une autre tournure, depuis qu'il est
convenu que cela va aller.

(Nᵒ 47)   Ce 8 Octobre.

Nous avons été dans la plus grande surprise d'ap-
prendre *le peu de succès dans la tentative parisienne ;*
cependant à bien considérer les choses, je dirai en
mon particulier, qu'on ne devait pas s'attendre à
autre chose qu'à ce qui est arrivé ; il y a trop de décousu dans cette grande ville pour espérer un ensemble convenable ; cette ville, comme je vous l'ai
dit bien des fois, est trop grande de moitié pour toute
sorte de raison, et on travaille encore à l'agrandir ;
de plus il y a trop de gens ineptes qui veulent se mê-

ler de gouverner. Voilà une fière leçon qui ne corrigera pas, j'en suis sûr. Il est singulier que vous nous vouliez rendre responsables *de ce que nous ne vous disions rien de Chartres et de Dreux;* nous sommes plus éloignés de ces deux villes que vous, et je suis encore à trouver quelque moyen de correspondance, *Ratel doit être parti hier de chez lui pour se rendre auprès de vous;* il ne sera pas trop prudent qu'il se montre dans cette grande ville, au reste il sera instruit à propos. Mon hôte est comme un enragé de cette fourvoisie, il peste comme un enragé, *qui veulent faire des attaques sans poudre et sans plomb.* Je suppose qu'ils ne voulaient faire que semblant de faire peur, mais ils avaient affaire à des gens plus fins qu'eux. Comme ceci va devenir des plus sérieux, nous attendons tous les jours de vos nouvelles pour nous mettre au courant. Dans cette espérance, VALE.

Au citoyen LEMAÎTRE, en son logis, rue Sainte-Croix de la Bretonnerie, n° 60, à Paris.

(N° 48)   (Sans date et sans timbre.)

Au citoyen LEMAÎTRE, rue Sainte-Croix de la Bretonnerie, n° 60, à Paris.

Je vous disais hier que j'avais été à la Roche sans trouver mon homme ; je vous disais de plus, qu'il devait partir mercredi pour la grande ville, ainsi vous serez à portée de vous arraisonner avec lui sur l'objet de son voyage, qui paraît être une suite nécessaire de celui qu'il a fait à Nantes, en tous cas vous pourrez lui demander *des moyens pour Dreux,* quoique toutes mes tentatives se trouvent réduites à zéro ; mais il est une occasion de servir la chose publique ; je vous dirai qu'on demande des secours, des connaissances à Orléans ; le ventriloque que j'y ai fait parvenir et le dernier mot aux Parisiens, ont fait un tel effet au Martrois, qui est le lieu de la bourse dans ce pays-là, *qu'ils m'ont fait part de leurs dispositions pour des secours pour Paris, s'il est nécessaire ;* mais aussi des lumières, parce qu'ils sont absolument neufs. *Ils ont commencé par envoyer une députation aux sections de Paris,* et si vous avez et connaissez quelque chose de frappant et de déterminant pour eux, de ne pas manquer à les faire parvenir tout de suite, à l'adresse du citoyen *Brierre*, inspecteur des étapes, rue Bourdon, ... à Orléans, n° 9. Si M. *Sourdat* a des nouveaux nᵒˢ de ventriloque, cela fera des merveilles ; il n'y a pas de temps à perdre, le gendarme pourra porter le paquet à la diligence qui est contre le Luxembourg. Salut.

Ne nous condamnez pas sans nous entendre. Depuis mon arrivée je suis en quête, je ne puis rien découvrir qui soit bon ; pensez que nous sommes plus éloignés que vous de cet endroit ; *Ratel* que vous verrez vous en dira peut-être plus ; cependant je ne désespère pas encore.

(Nᵒ 50)   Au citoyen LEMAÎTRE, rue Sainte-Croix
de la Bretonnerie, n° 60, à Paris.

Votre dernière, reçue aujourd'hui 11 octobre, arrive précisément le jour du départ des électeurs du canton. *On a eu assez de temps pour en voir un et deux a qui on a fait la bouche, conformément à votre réflexion. Ils ont senti et promis, mais tiendront-ils ?* Il est fâcheux de ne pouvoir s'aboucher avec Ratel. On ne l'a pu voir. Il a toujours été par voies et chemins, sans paraître dans ce pays, et nous n'avons pas plus de communication avec la Roche que vous; d'ailleurs je n'ai personne à mes ordres pour envoyer dans ce pays-là. Cependant je veux risquer à lui écrire par l'entremise de son ami Lambert, et nous ne savons si cela réussira. Il a dû rejoindre Barail à Nantes *(sic)*, et aller ensemble à Versailles par la voie de la galiote. Voilà tout ce que je puis vous dire pour le moment. Portez-vous bien.

III — BIOGRAPHIES

Nous croyons devoir donner quelques renseignements biographiques sur les condamnés qui avaient des attaches dans le canton de Magny.

LEMAÎTRE (Pierre-Jacques). Les biographies Michaud et Didot font naître Lemaître à Magny, en ou vers 1750. Les registres de la paroisse de cette ville, de 1741 à 1760, ne contiennent pas son acte de baptême; il est donc très-probable qu'il n'est pas né à Magny.

Pendant cette période de vingt années, on ne voit sur ces registres le nom de Lemaître qu'une seule fois, à la date du 8 avril 1760, dans un acte de décès. Un des témoins a signé *Pierre Lemaître;* est-ce *Pierre-Jacques ?*

BRIERRE (Jacques-François), fils d'Alexandre Brierre et de Marie Guyard, de la paroisse de Magny, est né au Mesnil-Hubert (Calvados), le 5 septembre 1734. Il vint à Magny avant 1745, chez son oncle, Jean-Antoine

Guyard de Boismont, receveur des tailles de l'élection de Chaumont et Magny, dont il eut la survivance le 24 octobre 1760, et auquel il succéda le 1ᵉʳ décembre 1762. M. Brierre, qui avait une jambe de bois, se maria tard ; il épousa le 3 septembre 1771, à Vernon, mademoiselle Dorothée Chevallier, née en 1748, à Ivry-la-Bataille (Eure). Il avait un train de maison confortable et réunissait ses amis à sa table une fois par semaine. M. Verdière, curé de Saint-Gervais, assidu de sa maison, disait de lui en 1783 : « Il est un peu ogre en apparence ; il a le cœur excellent. »

La Révolution fit perdre à M. Brierre son emploi ; mais comme il avait de la fortune, il resta à Magny et cultiva ses biens.

En 1795, il fit partie de la conspiration royaliste dont Lemaître était le chef. Arrêté à la suite de la saisie des papiers de ce dernier, dans lesquels on trouva plusieurs lettres écrites de Magny (1), il fut traduit avec Lemaître et ses complices devant le Conseil militaire séant à la section Lepelletier, à Paris. M. Brierre fut condamné à six années de détention et enfermé à la prison de la Force.

Un peu avant son arrestation, M. Brierre achetait, par acte sous seings privés, passé à Magny le 8 octobre 1795, la propriété des Boves ; l'acte définitif, qui fut réalisé à Paris le 20 juillet 1796, fut signé par lui au greffe de la prison de la Force. M. Brierre n'a pas subi entièrement sa peine, car il habitait Magny le 26 décembre 1798. En octobre 1802 il quitta cette

____

(1) M. Brierre n'était pas encore arrêté le 27 vendémiaire an IV (19 octobre 1795), puisqu'il n'est pas compris parmi les accusés traduits par l'arrêté du Comité de sureté générale de ce jour, au Conseil militaire séant à la section Lepelletier.

vilie avec Mme Brierre pour aller habiter le quartier
de Trou Bonbon, à Jérémie (île de Saint-Domingue). Il
a été massacré par les nègres sur la place de Jérémie,
avec un grand nombre de blancs, le 4 ou le 5 mars
1804. Son décès a été constaté par un acte de noto-
riété reçu le 16 mai 1806 par Collier, secrétaire de l'a-
geuce du Gouvernement français deSaint-Domingue
à Santiago de Cuba (île de Cuba). Mme Brierre, qui s'é-
tait réfugiée dans cette dernière ville, y est décédée le
5 août 1804.

RATEL (Louis-Jean-Baptiste-Justin), fils d'un cha-
pelier, est né à Saint-Omer (Pas-de-Calais), le 14 décembre 1758. Un de ses oncles, qui était dignitaire
dans une des riches abbayes de l'Artois, lui fit faire
ses études théologiques, et il fut pourvu de la cure de
Dunkerque, mais il ne put jamais en prendre posses-
sion. Il vint à Paris à la suite de l'abbé de Langlade,
bâtard de la maison de La Rochefoucauld, dit « la
Biographie universelle ». L'abbé de Langlade ayant été
massacré dans les prisons le 2 septembre 1792, Ratel,
se considérant comme son héritier, vint habiter le
bourg de La Roche-Guyon, alors chef-lieu d'un canton du district de Mantes et y fit venir toute sa famille.
Il manifesta publiquement des idées républicaines
très-avancées et il fut nommé président de la Société
populaire de La Roche-Guyon, qui s'appelait alors La
Roche-sur-Seine, et secrétaire-greffier de cette com-
mune. Après la chute de Robespierre, il se lia avec
les agents des Bourbons, Brotier et Lemaître, et entra
dans la conspiration dont ce dernier était le chef. Ses
opinions royalistes percèrent alors et il prononça le
27 fructidor an IV (13 septembre 1795) à l'assemblée

primaire du canton de La Roche-Guyon, de laquelle il était secrétaire, un discours proposant de ne pas accepter les décrets des 5 et 13 fructidor qui avaient pour but de faire entrer dans le Corps législatif les deux tiers des membres de la Convention. Il entretenait à ce moment des relations fréquentes avec M. Brierre, ancien receveur des tailles à Magny.

Lorsque Lemaître fut arrêté en octobre 1795, on trouva dans la correspondance saisie chez lui des lettres qui firent traduire l'abbé Ratel devant un Conseil militaire ; mais il avait réussi a s'échapper et il fut condamné par contumace à la déportation. Il continua à être l'agent des Bourbons et Michaud jeune l'accuse de ne pas avoir fait un emploi fidèle des sommes qui lui étaient remises pour soulager les royalistes malheureux. Impliqué dans l'attentat commis le 24 décembre 1800 contre la vie du Premier-Consul (machine infernale), il fut condamné à mort. Il avait pu gagner Londres. Il rentra en France au mois d'avril 1814. Les événements du 20 mars 1815 l'obligèrent à s'éloigner ; il s'établit alors à Ypres. Au second retour des Bourbons, l'abbé Ratel rentra de nouveau en France ; mais, mal vu de son parti, il habita sa terre de Margival (Aisne), où il mourut le 26 janvier 1816.

FIN.

Magny-en-Vexin (Seine-et-Oise). — Imprimerie O. Petit.

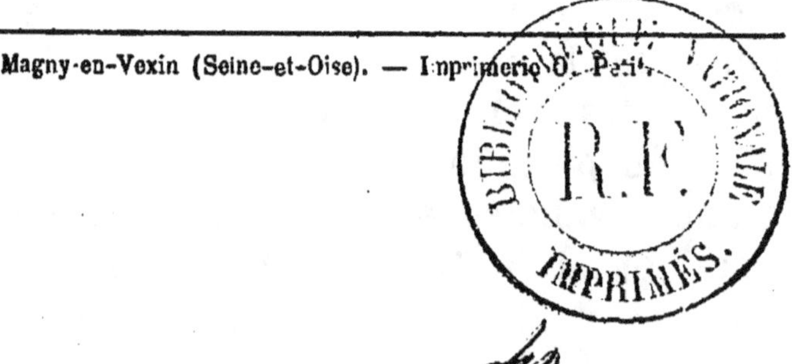